Irene Jung · Herbert H. G. Wolf

Wetzlar

Spaziergang durch die Stadt an der Lahn

deutsch · english · français

Wartberg Verlag

Text: Dr. Irene Jung
Fotos: Herbert H. G. Wolf

Englische Übersetzungen: Wolfgang Wollek
Französische Übersetzungen: Annie Carroy-Schwarz

1. Auflage 2008

Gestaltung: designhärtel, Gudensberg
Druck: Bernecker MediaWare AG, Melsungen
Buchbinder: Büge, Celle

34281 Gudensberg-Gleichen, Im Wiesental 1
Telefon (05603) 93050
www.wartberg-verlag.de
ISBN: 978-3-8313-1945-9

Wetzlar an der Lahn ist eine historisch gewachsene Stadt, deren vielfältige, noch heute am Stadtbild ablesbare Geschichte Fremde und Einheimische immer wieder überrascht. Viele Wetzlarer Motive sind altbekannt und haben geradezu einen Wiedererkennungseffekt, andere eröffnen ganz neue Blickwinkel auf die Stadt. Sie ist groß genug, um Abwechslung zu bieten und klein genug, dass man sie gründlich durchstreifen kann.
Dieser Bildband möchte Interesse wecken, Wetzlar einmal näher kennenzulernen: die geschichtsträchtige Altstadt, die zahlreichen Museen, die malerische Lage im Grünen. Man sollte auf Entdeckungstour gehen und die unterschiedlichen Eindrücke auf sich wirken lassen.

Wetzlar at the river Lahn is a historically grown city, whose multifaceted development can be learned about by watching its townscape, what has always surprised visitors and natives as well. Many motifs of Wetzlar are well-known and have a recognition effect indeed, some others reveal quite new viewpoints of the city. Wetzlar is big enough to offer diversity, and it is small enough to enable a thorough exploration.
This photo book wants to create interest to get to know Wetzlar from the inside: the history-laden old centre of the city, the numerous museums, the picturesque situation with green surroundings. You should start a discovery tour and let the various impressions have their effect on you.

Wetzlar est situé sur la Lahn. Aujourd'hui encore, la richesse de son histoire ne finit pas de surprendre visiteurs et autochtones. Certains motifs de Wetzlar sont bien connus, d'autres par contre font voir la ville sous un angle nouveau. Si Wetzlar est assez grand pour offrir de la diversité, il est assez petit pour permettre d'en connaître chaque recoin.
Ce livre voudrait donner à ses lecteurs l'envie de faire la connaissance de Wetzlar, avec sa vieille ville, ses musées nombreux et ses environs pittoresques. C'est une ville qu'il vaut la peine de découvrir.

Irene Jung

Zur Stadtgeschichte Wetzlars

Auf dem Gebiet der späteren Stadt Wetzlar lässt sich seit dem 7. Jahrhundert eine kontinuierliche fränkisch-christliche Besiedlung nachweisen. Als der Ort „Witflaria“ 1141 erstmals genannt wurde, hatte er bereits eine gewisse Bedeutung erlangt. Wenige Jahre später, 1180, bestätigte Kaiser Friedrich I. „seinen Bürgern“ deren Rechte. Die Reichsstadt erlebte als Handwerker- und Handelsstadt eine rasche Blüte. Eisen- und vor allem Wollenweberprodukte waren überregional gefragt; die große steinerne Lahnbrücke erleichterte den Handelsverkehr. Die staufische Reichsburg, die zahlreichen geistlichen Niederlassungen, der Stadtgrundriss mit wichtigen Durchgangsstraßen und vielfältigen Marktplätzen sowie die alles umfassende Stadtmauer zeugen von der Macht und dem Wohlstand der Reichsstadt.

Nach 1350 endete die positive Stadtentwicklung jäh. Der wirtschaftliche Zusammenbruch, der Stadtbankrott und der daraus resultierende Bevölkerungsrückgang auf zeitweilig nur noch ca. 2000 Einwohner haben ihre Spuren beispielsweise am unvollendet gebliebenen gotischen Bau der Stifts- und Stadtpfarrkirche hinterlassen.
Wenige Jahrzehnte nach der Reformation, während der die Stadtbevölkerung evangelisch wurde, das Marienstift aber katholisch blieb, fanden 1586 rund 350 reformierte Wallonen Aufnahme in Wetzlar. Aber erst die Übersiedelung des Reichskammergerichts aus Speyer im Jahre 1689 sollte wirtschaftlichen Aufschwung nach Wetzlar bringen.
Rund 900 Personen zogen mit dem Gericht hierher, denn die Kameralen brachten nicht nur ihre Familien, sondern auch Bediente, eigene Handwerker und sonstiges Personal mit. Bald begann eine rege Bautätigkeit, Modernisierungen und Neubauten wurden erforderlich. Das Stadtbild veränderte sich durch neue Wohnhäuser und barocke Palais inmitten der engen mittelalterlichen Altstadt. Gasthöfe und Ballsäle wurden für die Kameralen und die Besucher des Gerichts erbaut. Bis dahin in Wetzlar unbekannte Berufe wie Perückenmacher, Strumpfstricker und Buchdrucker ließen sich nun hier nieder. Zahlreiche bedeutende Juristen arbeiteten eine Zeit lang am höchsten deutschen Gericht; Johann Wolfgang von Goethe erhielt Anregungen für sein literarisches Werk, vor allem „Die Leiden des jungen Werthers“.

Aufgrund des Reichsdeputationshauptschlusses von 1803 verlor Wetzlar seinen Status als Reichsstadt, und durch die Auflösung des Heiligen Römischen Reiches deutscher Nation existierte das Reichskammergericht seit 1806 nicht mehr. Wetzlar fiel in einen

wirtschaftlichen Dornröschenschlaf, aus dem es erst mit der beginnenden Industrialisierung in der zweiten Hälfte des 19. Jahrhunderts erwachte. In der seit 1815 preußischen Stadt hatte 1849 Karl Kellner seine optische Werkstatt eröffnet, aus der später die Weltfirma Ernst Leitz erwuchs. Aus der Werkstatt Moritz Hensoldts entwickelte sich ab 1865 ein weiterer optischer Großbetrieb. Die Schwerindustrie nahm mit der Eröffnung des ersten Hochofens der Brüder Buderus 1872 ihren Anfang.

Die Stadt dehnte sich durch die Eingemeindung des Industrievorortes Niedergirmes und durch neue Wohn- und Industrieviertel weiter aus und erreichte um 1920 rund 15 000 Einwohner. Nach dem Zweiten Weltkrieg, der in der historischen Altstadt vergleichsweise geringe Zerstörungen verursachte, nahm die Einwohnerzahl durch die Aufnahme von über 6000 Heimatvertriebenen erheblich zu. Die Gebietsreformen der 1970er-Jahre hatten die Gründung der Stadt Lahn zur Folge, nach deren Auflösung 1979 die Stadt Wetzlar um acht neue Stadtteile erweitert wurde.

Heute leben rund 53 000 Menschen hier. Die Stadt hatte immer wieder ein anderes Image: „Arbeiterstadt", „Hessisches Ruhrgebiet", aber auch „malerische Stadt an der Lahn", „Dom- und Goethestadt", „Stadt der Optik". Wetzlar ist bei all' der Vielfalt stets eine interessante, liebenswerte Stadt geblieben.

History of the city of Wetzlar

A continuous Frankish-Christian settlement on the area of today's city of Wetzlar can be traced back to the 7th century. When the village "Witflaria" was mentioned in 1141 for the first time, it had already gained a certain grade of importance. A few years later, in 1180, Emperor Friedrich I confirmed the rights of "his citizens". Being a city of craftsmen and trade, the so-called imperial town experienced a fast upswing. There was a supraregional demand for iron and woollen products; the big stone bridge across the river Lahn helped to support the commerce. The imperial castle of Staufen, numerous clerical institutions, the city's ground plan with important thoroughfares and varied market squares, as well as the surrounding city walls are witness to the power and prosperity of the imperial town.
The positive development of the city was suddenly interrupted after 1350. The economic breakdown, the city's bankruptcy and the decrease of the population to temporarily just 2000 inhabitants have left behind traces, for example the unfinished Gothic edifice of the city's collegiate and parish church. Only a few decades after the Reformation, during which the city's population became Protestant, but Marienstift (St. Mary's convent) remained Catholic, about 350 reformed Walloons were received in Wetzlar in 1586. But only the moving of the Reichskammergericht (Imperial Supreme Court of Justice) from Speyer in 1689 was to bring an economic upswing to Wetzlar. About 900 persons accompanied the court to Wetzlar, for the officials did not only bring their families, but as well employees, craftsmen and additional personnel. Eager building activities started soon and modernizations as well as new constructions became necessary. The townscape was changed by new residential houses and Baroque-style palaces in the midst of the narrow medieval old city. Inns and ballrooms were constructed for the officials and visitors to the court of justice. Professions that were unknown in Wetzlar at that time, like wig makers, stocking knitters and printers began to settle down there. Numerous important jurists worked for Germany's superior court of justice for a while; Johann Wolfgang von Goethe got some ideas for his literary works, in particular "The Sorrows of Young Werther".
Wetzlar lost its status as imperial town due to the so-called Reichsdeputationshauptschluss (major conclusion of the imperial deputies) in 1803, and as a consequence of the dissolution of the "Holy Roman Empire of the German Nation", the Reichskammergericht did no longer exist after 1806. As regards economy, Wetzlar turned into a Sleeping Beauty until the beginning of the industrialization in the second half of the 19th century. In the town that had become Prussian in 1815, Karl Kellner had started his optical workshop in 1849, which evolved into the world-renowned company Ernst Leitz. Since 1865, another large-scale enterprise has developed from the workshop of Moritz Hensoldt. The heavy industry was initiated by the introduction of the first blast furnace of the Buderus brothers in 1872. Due to the incorporation of the industrial suburb Niedergirmes and by new residential and industrial areas, the town was extended and had a population of 15 000 people around 1920. After the Second World War, which had caused comparatively slight damages in the historic old town centre, the population was considerably increased by the reception of more than 6000 displaced persons. The local area reforms of the 1970s caused the foundation of the city named Lahn, after whose dissolution in 1979 the city of Wetzlar was extended by eight new districts. Nowadays, approximately 53 000 people are living there.
Wetzlar has always had a changeful image: "workers' town", "Ruhr region of Hesse", but also "picturesque town at river Lahn", "cathedral city and city of Goethe", "city of optics". In view of its great diversity, Wetzlar has remained an interesting, loveable city.

L'emplacement actuel de Wetzlar est peuplé sans interruption depuis le 7ème siècle. La cité de «Witflaria» est déjà relativement importante lorsqu'elle est mentionnée pour la première fois en 1141. Peu de temps après, en 1180, l'empereur Frédéric Ier lui accorde le statut de ville. La ville d'empire prospère rapidement grâce à son activité artisanale et commerciale. Les produits de sa sidérurgie et de ses filatures de laine sont recherchés au-delà des frontières de la région. Le grand pont enjambant la Lahn facilite le trafic commercial. Le château des Staufen, les nombreuses implantations religieuses, les voies qui traversent la ville, la diversité de ses marchés et les remparts témoignent de la puissance et de l'aisance de cette ville d'empire.
Le développement de Wetzlar s'interrompt brutalement après 1350. La ruine économique de la ville et, avec elle, la diminution de sa population qui tombe à environ 2000 habitants, laissent des traces, comme par exemple la collégiale de style baroque inachevée.
Quelques dizaines d'années après la Réforme, lors de laquelle la population de Wetzlar passe au protestantisme alors que la collégiale Sainte-Marie reste catholique, 350 Wallons convertis trouvent refuge à Wetzlar. Mais c'est seulement le transfert à Wetzlar de la cour d'appel de Speyer en 1689 qui provoque un essor économique.

Environ 900 personnes suivent le tribunal à Wetzlar car les magistrats sont non seulement accompagnés de leurs familles mais aussi de leurs domestiques, de leurs propres artisans et autres employés. Cela rend nécessaire la construction et la modernisation de nombreux bâtiments. Dans les ruelles étroites de la vieille ville, nouveaux immeubles d'habitation et palais baroques transforment la physionomie de la cité. On construit auberges et salles de bal pour les fonctionnaires et les visiteurs du tribunal. Des métiers jusque-là inconnus à Wetzlar, comme par exemple ceux de perruquiers, bonnetiers et relieurs, s'installent ici. De nombreux juristes de renom viennent travailler pour un temps au plus haut tribunal allemand. Johann Wolfgang von Goethe y trouve de l'inspiration pour son œuvre littéraire, en particulier pour «les Souffrances du jeune Werther».

Wetzlar perd son statut de ville d'empire à la suite du Recez de 1803, et la dissolution du Saint Empire Romain Germanique provoque la disparition du tribunal en 1806. La ville s'enfonce alors dans un sommeil profond dont elle ne sortira que dans la seconde moitié du 19ème siècle avec le début de l'industrialisation. Dans cette ville rattachée à la Prusse depuis 1815, Karl Kellner fonde en 1849 son atelier d'optique qui deviendra plus tard la firme Ernst Leitz, réputée dans le monde entier. L'atelier de Moritz Hensoldt se transforme à partir de 1865 en une autre grande entreprise d'optique. L'industrie lourde apparaît avec l'ouverture en 1872 du premier haut-fourneau des frères Buderus.

La ville continue de s'étendre le faubourg industriel de Niedergirmes est annexé à Wetzlar et de nouveaux quartiers, d'habitation et industriels, apparaissent. Wetzlar compte 15 000 habitants en 1920. Après la Seconde Guerre mondiale, qui n'occasionne que peu de dégâts dans la vieille ville, l'arrivée de 6000 réfugiés fait monter en flèche le nombre des habitants. Les réformes territoriales des années 1970 ont pour conséquence la création de la ville de Lahn dont la dissolution en 1979 enrichira la ville de Wetzlar de huit nouveaux quartiers. La population est aujourd'hui de 53 000 personnes.
«Ville ouvrière», «Ruhr hessoise», «pittoresque ville des bords de la Lahn», «ville épiscopale», «ville de Goethe», «ville de l'optique»... Wetzlar a eu de nombreux visages mais elle a toujours su rester une ville intéressante et séduisante.

Der Dom bildet seit jeher den Mittelpunkt der Stadt. Während man von den Vorgängerbauten aus der Zeit vor und um 1000 n. Chr. keine oberirdischen Spuren mehr sieht, sind der Nordturm und ein Teil der Westwand mit dem „Heidenportal" vom Ende des 12. Jahrhunderts noch erhalten. Diese romanische Kirche wurde seit etwa 1230 erweitert. Man errichtete um das aus schwarzem Basalt erbaute Gotteshaus herum einen gotischen Neubau aus rotem Sandstein. Stiftungen und Spenden der Stadtbevölkerung trugen zur Finanzierung der kostspieligen Baumaßnahme bei.

Als um 1350 die Verarmung der Stadt einsetzte, flossen auch die Mittel für den Kirchenbau spärlicher. Man schaffte es, bis etwa 1485 den mächtigen Südturm bis zu seiner heutigen Höhe aufzurichten. Die Westfassade und der Sockel des Nordturmes wurden begonnen, dann musste man die Bauarbeiten einstellen. Die Stifts- und Stadtpfarrkirche wurde nie vollendet, sodass sie einen wunderbaren Einblick in die mittelalterliche Kirchenbauweise liefert.

The cathedral has ever been the centre of the city. While no more overground traces of the predecessing buildings dating from the period around 1000 after Christ are to be seen, the northern tower and a part of the western wall with the "heathens portal" of the end of the 12th century could be preserved. This Romanesque church was extended around 1230. A new Gothic building made of red sandstone was erected around the church of black basalt. The city's collegiate and parish church was never finished, what enables a wonderful insight into the medieval architecture of churches.

La cathédrale est depuis toujours le centre de la ville. Si l'on ne voit plus rien des bâtiments qui l'ont précédée à cet emplacement au 10ème et 11ème siècle, la tour Nord et une partie du mur Ouest – avec son «portail des Païens» – datant de la fin du 12ème siècle sont encore conservées. À partir de 1230 environ, un nouveau bâtiment gothique en grès rouge est construit autour de l'église en basalte noir de style roman. L'église n'a jamais été terminée ce qui donne un magnifique aperçu de l'architecture ecclésiastique du Moyen Âge.

In der unvollendeten Westfassade liegt das als späterer Hauptzugang geplante gotische Portal mit reichem Figurenschmuck und zahlreichen Baldachinen für weitere Skulpturen. Die Mariendarstellungen an Pfeilern und Wänden kennzeichnen die seit dem 17. Jahrhundert meist Dom genannte Kirche als „Marienkirche".

The Gothic portal with its lavishly decorated figures and numerous canopies for further sculptures is situated in the unfinished western facade. It was planned to serve as the main entrance. The depictions of St. Mary on pillars and walls identify this church, which was mostly called cathedral since the 17th century, as "Marienkirche" (St. Mary's church).

La façade Ouest est inachevée. Le portail gothique de ce qui devait être l'entrée principale de l'église est richement décoré de statues et de baldaquins dont certains sont restés inutilisés. Les statues de la Vierge des piliers et des murs de cette église surnommée «cathédrale» depuis le 17ème siècle sont caractéristiques de l'église Sainte-Marie.

Das Kircheninnere vermittelt einen einheitlichen Gesamteindruck, obwohl über 250 Jahre lang unterschiedliche Bauhütten mit sich ändernden Bauplänen und -stilen gearbeitet haben. Aufgrund des unvollendeten gotischen Westwerks ist das Kirchenschiff zudem ein Joch kürzer als zu Beginn der Bauarbeiten geplant. Seit der Reformation um 1540 wird die ehemalige Stifts- und Stadtpfarrkirche ökumenisch genutzt, da das Marienstift katholisch blieb, während die Stadtbevölkerung zum evangelischen Glauben übertrat.

The church's interior gives a uniform general impression, although different guilds of masons worked with changing construction plans and styles in the course of 250 years. Due to the unfinished Gothic western part, the nave has one bay less than it was intended in the beginning. Since the Reformation around 1540, the former collegiate and parish church has been used ecumenically, because St. Mary's convent remained Catholic, while the city's population converted to the Protestant belief.

L'intérieur de l'église donne une impression d'homogénéité bien que les chantiers de construction, et avec eux les plans et les styles, s'y soient succédé pendant 250 ans. Comme le massif occidental de style gothique n'a pas été achevé, la nef est moins longue que prévu. Depuis la Réforme (1540), l'église accueille les croyants dans un esprit d'œcuménisme puisque, si elle est restée catholique, les habitants de Wetzlar se sont, eux, convertis au protestantisme.

Zu Füßen des Domes, auf dem einst Buttermarkt genannten Domplatz, findet jeden Samstag der gut sortierte und farbenprächtige Wochenmarkt statt. Hier gibt es nicht nur die Gelegenheit, sich mit frischen Produkten vor allem aus der heimischen Region zu versorgen, sondern auch ein Schwätzchen zu halten.

A well-assorted and colourful weekly market is held at the foot of the cathedral every Saturday at Domplatz (cathedral square), that was once called "butter market". It is the best chance to purchase fresh local products and to have a little chat.

Au pied de la cathédrale, à l'emplacement de l'ancienne place du Marché au Beurre, appelée maintenant place de la Cathédrale, se tient chaque samedi le marché de Wetzlar avec son grand choix de marchandises et ses couleurs vives. On y a non seulement l'occasion de s'approvisionner en produits frais provenant pour la plupart de la région mais également celle de bavarder un peu.

Die Westseite des Domplatzes wird von einer spätbarocken Häuserfront eingenommen, die nach einem Großbrand im Jahre 1779 wenige Jahre später neu errichtet wurde. An der Fassade des ehemaligen Rathauses, in dem heute die Tourist-Information untergebracht ist, befindet sich ein Wetzlarer Ellenmaß, das auf das Recht der Reichsstadt, mit eigener Elle zu messen, hinweist. Seit der ersten Hälfte des 14. Jahrhunderts befand sich an dieser Stelle das städtische Kaufhaus, in dem Handelswaren gewogen und versteuert wurden.

The westside of the cathedral square is occupied by a row of houses of late Baroque-style, which were reconstructed within a few years after a blaze in 1779. On the façade of the former town hall, which houses the tourist information nowadays, Wetzlar's Ellenmaß (a cubit scale) is to be found. It demonstrates the imperial city's right to measure with a scale of its own. Since the first half of the 14th century, the municipal store was located at the same place, where commodities were weighed and tax was collected.

À l'ouest de la place de la Cathédrale se trouve une rangée de maisons de style baroque tardif. Détruite dans un grand incendie en 1779, elle a été reconstruite quelques années plus tard. Sur la façade de l'ancienne mairie, qui abrite aujourd'hui l'office du tourisme, se trouve un aune-étalon rappelant le droit de la ville d'empire d'avoir sa propre mesure. Depuis la première moitié du 14ème siècle se trouvait à cet endroit le magasin de la ville dans lequel les marchandises étaient pesées et imposées.

Die 1861 an der Ostseite des Domplatzes erbaute Hauptwache diente dem 8. Rheinischen Jägerbataillon als Wachstation. Nach dessen Verlegung aus Wetzlar 1877 zog hier bis 1972 die Schutzpolizei ein. Das massive Gebäude in historisierenden Formen wird nicht nur von preußischen Adlern, sondern auch von der Figur eines Landsknechts des 17. Jahrhunderts mit dem Stadtwappen auf der Brust geziert.

The Hauptwache (police headquarters) was built in 1861 at the eastside of the cathedral square. It was used by the "8th Rheinisches Jägerbataillon" as a guard house. After the battalion was withdrawn from Wetzlar in 1877, the police moved in until 1972. The massive building with its historicizing appearance is not only adorned with Prussian eagles, but also with the statue of a mercenary of the 17th century with the city's coat of arms on his chest.

L'édifice construit en 1861 à l'ouest de la place de la Cathédrale a servi de poste de garde au 8ème Régiment de Chasseurs Rhénans jusqu'à son départ de Wetzlar en 1877. Il a abrité ensuite les locaux de la police jusqu'en 1972. Ce bâtiment massif de style historiciste est non seulement orné d'aigles prussiens mais également de la figure d'un lansquenet du 17ème siècle à la poitrine ornée des armes de la ville.

Vom Domturm herab schweift der Blick über den Domplatz mit dem Stadthaus am Dom, das 1979 fertiggestellt wurde (links) und die spätbarocke Häuserfront (rechts), über den Fischmarkt mit seiner überwiegend aus dem 17. Jahrhundert stammenden Bebauung bis zur Reichsburg Kalsmunt, die zur Zeit Friedrich Barbarossas erbaut wurde.

From the cathedral's steeple, you have a view over the cathedral's square with the "Stadthaus" (city house) at the cathedral, which was finished in 1979 (on the left), and the late Baroque-style row of houses (right), over "Fischmarkt" with its buildings dating predominantly from the 17th century, to the imperial castle "Kalsmunt", which was erected at the time of Friedrich Barbarossa.

La place de la Cathédrale vue du clocher, avec le musée «Stadthaus am Dom» achevé en 1979 (à gauche), les maisons aux façades de style baroque tardif (à droite), la place du Marché aux Poissons (Fischmarkt) avec ses maisons datant principalement du 17ème siècle et le château de Kalsmunt construit à l'époque de Frédéric Barberousse.

Bereits im Jahre 1248 wurden erstmals in Wetzlar Franziskanermönche urkundlich erwähnt. Man wies ihnen für ihr Kloster und ihre Kirche einen Bauplatz in der Nähe der Stadtmauer zu. Um 1300 wurde die gotische Kirche mit einem dreischiffigen Langhaus und einem Chor mit 5/8-Abschluss erbaut. Darin durften die 1586 nach Wetzlar geflohenen reformierten Wallonen ihren Gottesdienst halten. Die Kirche wurde, wie bei Bettelorden üblich, ohne großen Glockenturm, sondern nur mit einem Dachreiter ausgestattet. Noch heute dient der Chor als evangelische Untere Stadtkirche, während das Kirchenschiff seit der endgültigen Auflösung des Klosters 1826 mehrfach umgebaut und verschiedensten Nutzungen zugeführt wurde. Hier hat die Wetzlarer Musikschule eine geeignete Bleibe gefunden.

In Wetzlar, Franciscan monks were mentioned in documents for the first time in the year 1248. They were given a site for their monastery and their church near the city walls. Around 1300, the Gothic church was built with three naves and a choir with a 5/8 finish. The Reformed Walloon refugees that had come to Wetzlar in 1585, were allowed to attend service in that church. Still nowadays, the choir serves as Untere Stadtkirche (lower Protestant city church).

La présence de moines franciscains à Wetzlar est déjà attestée dans un document de 1248 leur assignant un emplacement près des remparts pour y construire leur monastère et leur église. L'église gothique à nef centrale à trois travées a été construite en 1300. C'est la que les Wallons réfugiés à Wetzlar en 1586 étaient autorisés à célébrer leur office. L'église protestante (Untere Stadtkirche) est aujourd'hui encore domiciliée dans le chœur.

Der Schillerplatz erhielt anlässlich Friedrich Schillers 100. Geburtstag 1859 seinen Namen. Er entstand um 1850 durch den Abbruch der Mauer, die den Kirchhof der Franziskaner umschlossen hatte, und des Zunfthauses, das an der Silhöfer Straße lag. Der als Dreieck angelegte Schillerplatz wird auf der Südostseite von der Franziskanerkirche, auf der Nordostseite von einer geschlossenen Reihe barocker Fachwerkhäuser und auf der Westseite von Häusern mit freigelegtem oder verputztem Fachwerk begrenzt. Der Platz bietet sich für stimmungsvolle Feste wie die Schillerplatzkirmes oder das Weinfest geradezu an.

Schillerplatz received its name on the occasion of Friedrich Schiller's 100th birthday in 1859. The square, designed in a triangular shape, is surrounded by Franziskanerkirche at its south-eastern side, by a tight row of Baroque-style half-timbered houses at its north-eastern side, and by some houses with both visible and plastered half-timbering.
The square really imposes itself for idyllic festivities like Schillerplatz fun-fair or the wine festival.

La place Schiller a été baptisée ainsi en 1859, à l'occasion du centième anniversaire de la naissance de l'écrivain. De forme triangulaire, elle est bordée par l'église des Franciscains au sud-est, une rangée de maisons baroques à colombages au nord-est et des maisons à colombages, dont certaines sont recouvertes d'enduit, à l'ouest.
C'est sur cette place que sont organisées des fêtes populaires telles que la kermesse Schiller ou la fête du Vin.

Das Haus Schillerplatz 5 wurde Ende des 17. Jahrhunderts erbaut. Im Jahre 1694 wurde es vom Buchdrucker und Verleger Georg Ernst Winkler gekauft, der es 1742 um den Teil links der Haustüre mit dem einfacher gestalteten Erker erweitern ließ. Die Familie Winkler, die hauptsächlich für den Bedarf des Reichskammergerichts arbeitete, vermietete auch Zimmer an Gerichtsangehörige. Das Haus wurde durch den Selbstmord des braunschweigischen Legationssekretärs Karl Wilhelm Jerusalem berühmt, der sich hier am 30. Oktober 1772 erschoss. Johann Wolfgang Goethe gestaltete aus eigenen Wetzlarer Erlebnissen und dem Schicksal Jerusalems den Briefroman „Die Leiden des jungen Werthers“, der 1774 erschien. Seit 1907 beherbergt das Gebäude ein kleines Museum, das an Jerusalem, das Urbild „Werthers“, erinnert.

The house Schillerplatz no. 5 was built at the end of the 17th century. It was purchased by printer and publisher Georg Ernst Winkler, who extended it in 1742 by an oriel of a simpler design on the left side of the door. The Winkler family, who worked mainly for the needs of the Imperial Supreme Court, rented rooms to members of the court as well. The building became famous due to the suicide of secretary Karl Wilhelm Jerusalem from Braunschweig, who shot himself on October 30, 1772. Johann Wolfgang Goethe was inspired by his own practical experience in Wetzlar and by the misfortune of Mr. Jerusalem to write the novel “The Sorrows of Young Werther”, published in 1774. Since 1907, the building has housed a small museum, reminding of Jerusalem, the archetype of Werther.

La maison située au 5 de la place Schiller a été construite à la fin du $17^{\text{ème}}$ siècle. Elle a été achetée en 1694 par l’imprimeur et éditeur Georg Ernst Winkler qui a fait rajouter en 1742 la partie à gauche de la porte d’entrée. La famille Winkler travaillait essentiellement pour la cour d’appel et louait également des chambres aux personnes employées au tribunal. La maison a été rendue célèbre par le suicide de Karl Wilhelm Jerusalem, un secrétaire d’ambassade originaire de Brunswick. Goethe s’est inspiré de ses propres années à Wetzlar et du destin de Jerusalem pour écrire son roman épistolaire, «les Souffrances du jeune Werther». Depuis 1907, la maison abrite un petit musée dédié au souvenir de Jerusalem, le modèle de «Werther».

Der Name des Ludwig-Erk-Platzes erinnert an den Volksliedsammler und -forscher Ludwig Christian Erk, der im Haus Nr. 4 im Jahre 1807 geboren wurde. Er legte nicht nur zahlreiche bedeutende Liedersammlungen an, sondern publizierte sie auch für Schulen und Chöre. Ludwig Erk leitete selbst Chöre, widmete sich wissenschaftlich der Musikdidaktik und war mit Intellektuellen, Dichtern und Musikern befreundet. Der Platz war ursprünglich der Hof des Franziskanerklosters. Lediglich Teile der Klostermauer und eine mittelalterliche Brandmauer haben sich erhalten. Die eine Seite des Platzes wird von der Kirche begrenzt, die andere von Gebäuden des 17. und 18. Jahrhunderts, die als Schulhäuser und Lehrerwohnungen dienten.

The name of Ludwig-Erk-Platz reminds of the collector and researcher of folk songs, Ludwig Christian Erk, who was born in 1807 in house no. 4. Not only did he establish many considerable song collections, but published them for schools and choirs. Ludwig Erk himself conducted choirs, occupied himself scientifically with music didactics and was friends with intellectuals, poets and musicians. The square was originally the court of the Franciscan's monastery. Merely relics of the monastery walls and a medieval fireproof wall have remained.

Ludwig Christian Erk est né en 1807 au 4 de cette place qui porte maintenant son nom. Erk a collectionné les chansons populaires et les a publiées dans de nombreux recueils destinés aux écoles et aux chorales. Il a dirigé lui-même des chœurs, s'est consacré à l'étude de la didactique musicale et était lié d'amitié avec des intellectuels, des poètes et des musiciens. La place était à l'origine la cour du monastère franciscain dont il ne reste plus que quelques pans de murs ainsi qu'un mur coupe-feu.

Die sogenannte Zehntscheune ist ein Neubau aus den 1970er-Jahren, der notwendig wurde, als man eine neue Zufahrt, die Franziskanerstraße, zur südlichen Altstadt schuf.

The so-called "Zehntscheune" (barn) is a new building dating from the 1970s, that was required when a new entrance to the southern part of the old town centre was created: Franziskanerstraße.

La construction d'une nouvelle voie d'accès au sud de la vieille ville, la rue des Franciscains, a rendu nécessaire l'édification dans les années 1970 de la grange aux Dîmes.

Das Wasser der Lahn fließt seit altersher unterhalb der Altstadt dahin und trieb einst mehrere Mühlen an, von denen sich bis heute die Hauser Mühle als Getreidemühle erhalten hat. Parallel zum Mühlgraben verlief die Stadtmauer, die hier noch in einigen größeren Teilen vorhanden ist. Seit dem 18. Jahrhundert wurden kleinere Fachwerkhäuser, aber auch größere Wohnhäuser an und auf der Mauer errichtet. Das Anwesen der Brauerei Simon in der Nähe des Lahnpförtchens nutzte die Mauer als Giebelwand. Die Fenster in den oberen Geschossen wurden durch die Stadtmauer gebrochen. Das größere Sudhaus wurde 1716, die kleinere Mälzerei um 1720 erbaut. Im Jahre 1993 erfolgte eine umfangreiche Sanierung.

The water of river Lahn has always flowed below the old part of town and drove several mills in the past. "Hauser Mühle" is the only one that has survived as a corn mill. The city walls ran parallel to the mill race, and some larger remnants of them have remained. Smaller half-timbered houses, but also bigger residential houses were built at and even on top of the city walls since the 18th century. Brewery Simon, located near "Lahnpförtchen", used the city walls as a gable wall on their premises. The openings for the windows of the upper floors were broken through the city walls. The larger "boiling house" was built in 1716, the smaller "malting house" dates from about 1720. A comprehensive renovation was made in 1993.

Les eaux de la Lahn coulent depuis toujours en contrebas de la vieille ville. Elles faisaient tourner les roues de plusieurs moulins dont il ne reste plus aujourd'hui que le moulin Hauser. Il reste aussi des vestiges des remparts de la ville qui longeaient l'auge du moulin. À partir du 18ème siècle, des petites maisons à colombages ainsi que des maisons d'habitations de plus grande taille ont été construites contre et même sur les remparts. Le pignon de la brasserie Simon, située près de la petite porte de la Lahn, est en fait un pan de rempart. Les fenêtres des étages supérieurs ont été percées dans les murs de la ville. La salle de brassage date de 1716 et la malterie, plus petite, de 1720. De gros travaux de rénovation ont été effectués en 1993.

Leider wurde im Zweiten Weltkrieg die Stadtmauer im Bereich der Erbsengasse zerstört. Die Bruchsteineinfriedung entlang des Mühlgrabens wurde in den 1980er-Jahren errichtet und dient dem Hochwasserschutz.

Unfortunately, the city walls were destroyed in the area of "Erbsengasse". The edging of rough stones along the mill race was constructed during the 1980s and serves as a protection against high water.

La portion des remparts proches de la ruelle des Petits Pois (Erbsengasse) a malheureusement été détruite lors de la Seconde Guerre mondiale. Le mur de moellons construit dans les années 1980 est une mesure de protection contre les crues.

Um den mittelalterlichen Handelsverkehr von Frankfurt nach Köln in geordnete Bahnen zu lenken, wurde in der zweiten Hälfte des 13. Jahrhunderts in der Reichsstadt Wetzlar die mächtige siebenbogige Lahnbrücke erbaut. Im Jahre 1288 erstmals erwähnt, war sie jahrhundertelang Wetzlars einzige Lahnbrücke, deren im Flussbett gelegene Pfeiler zur Erhöhung der Standfestigkeit durch Eisbrecher verstärkt wurden. Ein Pfeiler ruht auf der Insel, die von Mühlgraben und Lahn gebildet wird. Im 19. Jahrhundert fielen die Brückentürme dem wachsenden Verkehr zum Opfer, schließlich wurde sogar die steinerne Brustwehr zur Verbreiterung der Fahrbahn abgebrochen und durch ein eisernes Gitter ersetzt. Im Zuge der Altstadtsanierung und der Einrichtung verkehrsberuhigter Zonen errichtete man die steinerne Brustwehr wieder, da nun über die Alte Lahnbrücke kein Durchgangsverkehr mehr fließt.

In order to gain control of the medieval commerce between Frankfurt and Cologne, a mighty bridge with seven arches was built across the river Lahn in the imperial city of Wetzlar during the second half of the 13th century. Mentioned for the first time in the year1288, that was Wetzlar's only bridge across the Lahn for centuries. One pillar rests on the small island, that was formed by mill race and Lahn.

Le pont à sept arches qui enjambe la Lahn a été construit dans la seconde moitié du 13ème siècle dans le but de réguler le trafic commercial entre Francfort et Cologne. Mentionné pour la première fois en 1288, il est resté pendant des siècles le seul pont de Wetzlar sur la Lahn. Un pilier est posé sur l'île formée par l'auge de moulin et la Lahn.

Anlässlich ihres 100-jährigen Bestehens gab die Rudergesellschaft Wetzlar 1980 das Denkmal des Ruderers in Auftrag und weist damit auf die lange Tradition dieser Sportart in Wetzlar hin. Die Plastik des Bildhauers Heinrich Janke steht am Ufer der Lahn in der Colchesteranlage.

On the occasion of its 100th anniversary, the rowing club Rudergesellschaft Wetzlar ordered the monument of a rower in 1980, by which the club points out the long-lasting tradition of this kind of sport in Wetzlar. The sculpture by artist Heinrich Janke is situated in "Colchesteranlage" on the banks of the Lahn.

En 1980, à l'occasion du 100ème anniversaire de sa fondation, la Société d'Aviron de Wetzlar a commandé ce monument au sculpteur Heinrich Janke. La statue se trouve au bord de la Lahn, dans les jardins de Colchester.

Zahlreiche Paddler und Bootstouristen nutzen heute die idyllische Lahn für ihre Freizeitbeschäftigung.

A lot of canoeists and tourists have taken advantage of the idyllic Lahn scenery for leisure and recreation.

Pagayeurs et amateurs de tourisme nautique apprécient le cadre idyllique de la Lahn.

In der Nähe des reinigenden Wassers der Lahn und der Dill entstand vor 1262 das Wetzlarer Hospital zum Heiligen Geist. Es lag am Rande der Vorstadt Langgasse zwischen der Lahnbrücke und der im 20. Jahrhundert abgebrochenen Dillbrücke verkehrsgünstig an der Handelsstraße. Das Hospital war zunächst als Herberge für durchreisende Pilger und bedürftige Kranke vorgesehen, es versorgte aber auch gesunde einheimische und vorüberziehende Arme. Die wohltätige Einrichtung, von Beginn an mit einer eigenen Kapelle, wurde durch bürgerschaftliche Stiftungen unterhalten. Nach der Reformation entwickelte sich daraus allmählich ein Altersheim, die Kapelle diente als evangelische Kirche.

Close to the purifying waters of the rivers Lahn and Dill, Wetzlar's Hospital of the Holy Ghost was founded before the year 1262. It was conveniently located at the trade route on the edge of suburb "Langgasse" (long alley) between Lahn bridge and Dill bridge, which was demolished in the 20th century. The charitable institution, from the beginning with a chapel of its own, was maintained by donations of citizens. After the Reformation, the hospital evolved gradually into a home for old people, and the chapel was used as a Protestant church.

L'hôpital du Saint-Esprit a été construit avant 1262 près des eaux purifiantes de la Lahn et de la Dill. Il était situé en bordure du faubourg de Langgasse, le long de la route commerciale, entre le pont de la Lahn et celui maintenant disparu de la Dill. Cette institution charitable possédait depuis le début sa propre chapelle et était entretenue par des associations de bourgeois de la ville. Après la Réforme, l'hôpital s'est peu à peu transformé en un asile de vieillards et la chapelle est devenue protestante.

In der Mitte des 18. Jahrhunderts ließ die Stadt die baufälligen Spitalgebäude und die Spitalkapelle abreißen. Im Jahre 1764 wurde der Neubau der Hospitalkirche eingeweiht, wie an der eingemeißelten Jahreszahl über der Außentüre des sechseckigen Altarraumes erkennbar ist. Die Bauaufsicht hatte Bauinspektor Wilhelm Sckell aus Weilburg. Das Bauwerk gilt als seltenes und qualitativ hochwertiges Beispiel einer lutherischen Predigtkirche des Rokoko.

In the middle of the 18th century, the city ordered to demolish the dilapidated hospital buildings and the chapel. In 1764, the new Hospital Church was consecrated. The edifice is considered a rare and precious example of a Lutheran preachers church of the Rococo period.

Au milieu du 18ème siècle, la ville a fait démolir les bâtiments de l'hôpital et de la chapelle en raison de leur délabrement. La nouvelle église, un magnifique exemple d'église luthérienne de style rococo, a été inaugurée en 1764.

Der Innenraum wirkt lichtdurchflutet und freundlich dank großer Fensterflächen und heller Farben. Die sich verjüngenden Säulen bestehen aus Holz, eine dritte Säulenreihe ist gar nur auf die Decke gemalt. Altar, Kanzel und Orgel bilden eine Einheit, die reiche Holzschnitzereien und kräftige Farben aufweist.

The interior is light-transmissive and has a friendly appearance due to the large windows and the use of bright colours. The tapered pillars are made of wood, a third row of pillars was painted on the ceiling. Altar, pulpit and organ have formed a unit, showing elaborate wood carving and strong colours.

À l'intérieur, les grands vitraux et les peintures claires donnent une impression de luminosité. Les colonnes, dont le nombre va en diminuant, sont en bois. La troisième rangée est seulement peinte au plafond. L'autel, la chaire et l'orgue sont richement sculptés et peints de couleurs vives.

Die Wetzlarer Altstadt ist von einem Grüngürtel umgeben, der sich zu großen Teilen auf den ehemaligen Wallanlagen der Stadtbefestigung ausdehnt. Die Anlagen tragen oft den Namen einer der Partnerstädte Wetzlars, so beispielsweise die Sienapromenade oberhalb des Wöllbacher Tores, die Avignonanlage zwischen Obertor und Franziskanerkloster, die Schladminganlage entlang der Stadtmauer am Wetzbach oder auch die Colchesteranlage auf der Zwackh'schen Insel zwischen Mühlgraben und Lahn. Hier hatten im 18. Jahrhundert Reichskammergerichtsfamilien, darunter von Virmont und von Zwackh, Lustgärten und einen Reitplatz angelegt; im 19. und 20. Jahrhundert nutzten die Wetzlarer die Insel für Gemüse- und Obstgärten und seit 1972 trägt der dort angelegte Park den Namen Colchesteranlage.

The old city centre of Wetzlar is surrounded by a green belt, that stretches out mainly on the former ramparts of the city's fortification. These grounds were often named after Wetzlar's partner towns, for example "Sienapromenade" above Wöllbacher Tor, "Avignonanlage", located between Obertor and the Franciscans' monastery, "Schladminganlage" along the city walls at Wetzbach, or as well the "Colchesteranlage" on Zwackh'sche Insel (island) between mill race and Lahn.

La vieille ville de Wetzlar est entourée d'une ceinture de verdure qui s'étend jusqu'aux anciennes promenades des remparts. Les jardins portent souvent le nom des villes jumelées avec Wetzlar, comme par exemple la promenade de Sienne au-dessus de la porte de Wöllbach, les jardins d'Avignon entre «Obertor» et le monastère franciscain, les jardins de Schladming le long du ruisseau d'Aiguisage (Wetzbach) ou les jardins de Colchester sur l'île Zwackh.

In Wetzlar existieren noch immer verwinkelte Gassen und Treppchen, wie das Eselstreppchen, über das einst die Mülleresel die Säcke zur städtischen Mehlwaage schleppten.

In Wetzlar, there are still existing narrow, winding alleyways and little stairs, like "Eselstreppchen" (donkey steps), over which the millers' donkeys once carried the bags to the municipal flour scales.

Il y a encore à Wetzlar des ruelles et des petits escaliers comme celui-ci (Eselstreppchen) que les ânes du meunier empruntaient autrefois pour porter leurs sacs à la balance à farine municipale.

Am Eselsberg unten stehen zwei sanierte Fachwerkhäuser, die nach einem Großbrand 1643 neu errichtet wurden. Das linke gehörte bis zu dessen Auflösung 1803 dem Kloster Altenberg und wurde 1668 wahrscheinlich auf dem mittelalterlichen Mauerwerk des Erdgeschosses des Vorgängerbaues errichtet. Das rechte Fachwerkhaus wurde kurz nach 1660 unter Verwendung älterer Bauteile errichtet und mit zeitgemäßen Zierformen geschmückt. In das Erdgeschoss wurde die Stadtmauer am Mühlgraben mit einbezogen.

Two restored half-timbered houses are located at the foot of "Eselsberg" (donkey hill). They were rebuilt after a blaze in 1643. The left one belonged to the monastery Altenberg until its dissolution in 1803. It was supposedly erected in 1668 on the medieval walls of the ground floor of its predecessor. The half-timbered house on the right side was built shortly after 1660 by using previous building components, and it was decorated with contemporary ornaments. The city walls at the mill race were integrated into the ground floor.

Au pied du mont des Ânes (Eselsberg) se trouvent deux maisons à colombages qui ont été reconstruites après le grand incendie de 1643. La maison de gauche a appartenu au monastère d'Altenburg jusqu'à sa dissolution en 1803. Elle a été construite en 1668, probablement sur les murs du rez-de-chaussée du bâtiment qui l'avait précédée à cet emplacement. La maison de droite est de 1660. Elle a conservé des éléments de bâtiments plus anciens mais a été décorée dans le goût de l'époque.

Eine mittelalterliche Stadtmauer wurde zwar von bewachten Toren durchbrochen, aber es gab zusätzlich immer auch kleine Schlupflöcher in der Befestigung. Ein solcher war das Lahnpförtchen, auch Tränkpförtchen genannt. Die Pforte diente den hier angesiedelten Handwerkern dazu, ihren Wasserbedarf im Mühlgraben zu decken oder das Vieh zu tränken. Der niedrige Durchgang wurde mit einem kleinen Fachwerkgebäude überbaut und dient auch heute wieder lediglich dem Fußgängerverkehr. Dieses verwinkelte Fleckchen Altstadt ist Schauplatz einer Novelle von Wilhelm Heinrich Riehl.

Medieval city walls were often interrupted by guarded gates, but there had always been little loopholes in the fortification. One of these was "Lahnpförtchen" (little Lahn gate), also called "Tränkpförtchen". This gate was used by the craftsmen of this area, to get water from the mill race or to water their livestock. This sinuous little place of the old town is the scenery for a novel by Wilhelm Heinrich Riehl.

Les remparts médiévaux étaient certes percés de portes gardées mais ils comportaient aussi des petits passages comme celui de la petite porte de la Lahn, appelée aussi la petite porte de l'Abreuvoir (Tränkpförtchen). Les artisans l'empruntaient pour aller s'approvisionner en eau ou pour abreuver leurs bêtes. C'est dans ce petit coin de la vieille ville que Wilhelm Heinrich Riehl a situé l'action d'une de ces nouvelles.

Die Drehscheibe für den Wetzlarer Straßenverkehr war bis zur Eröffnung der Ringstraße 1939, heute Karl-Kellner-Ring, und der Fußgängerzone 1972 der Eisenmarkt. Hier laufen die wichtigsten mittelalterlichen Durchgangsstraßen, die Silhöfer Straße, die Lahnstraße und die Krämerstraße sowie die Sandgasse, der Liebfrauenberg und der Brodschirm zusammen.
Zwei markante Gebäude beherrschen den Platz: Das Haus Eisenmarkt 7 wurde um 1500 in zeittypischen Fachwerkformen über einer großen mittelalterlichen Kelleranlage errichtet. In der Reichskammergerichtszeit befand sich in diesem Wohn- und Geschäftshaus die Apotheke „Zum Goldenen Löwen".

Before the opening of Ringstraße – today Karl-Kellner-Ring – in 1939, and of the pedestrian zone in 1972, the turntable of Wetzlar's traffic was Eisenmarkt (iron market). The most meaningful medieval thoroughfares converge at this point: Silhöfer Straße, Lahnstraße, Krämerstraße and Sandgasse, as well as Liebfrauenberg and the Brodschirm. Two prominent buildings dominate the square: House Eisenmarkt no. 7 was erected around 1500 as a half-timbered house, typical of that era, on top of a large medieval cellar construction. During the period of the Imperial Supreme Court, this residential and business house was domicile of the pharmacy "Zum Goldenen Löwen" (golden lion).

La place «Eisenmarkt» était consacrée au commerce du fer et des produits des nombreuses forges de Wetzlar. Au milieu de la place se trouve la fontaine Sainte-Barbara, la sainte patronne des mineurs.
La place est dominée par deux bâtiments: celui du numéro 7 est une maison à colombages typiques de l'époque construite en 1500 au-dessus de grandes caves médiévales. À l'époque de la cour d'appel d'empire, cette maison abritait la pharmacie du Lion d'Or (Zum Goldenen Löwen).

Auf dem 1253 erstmals genannten Eisenmarkt wurde mit Eisen und Erzeugnissen der zahlreichen Wetzlarer Schmiede gehandelt. Der Barbarabrunnen in der Mitte des Platzes erinnert an die Schutzpatronin der Bergleute.
Die „Alte Münz“ wurde 1599 wahrscheinlich von einem wallonischen Glaubensflüchtling erbaut, wie man aus der französischen Inschrift schließen kann.

Eisenmarkt, where iron and products by the numerous blacksmiths of Wetzlar were sold, was mentioned for the first time in 1253. The Barbara Fountain in the centre of the square commemorates the patron of the miners. The “Alte Münz” (old mint) was supposedly built by a religious refugee from Wallonia in 1599, what can be concluded from the French inscription.

Jusqu’à l’inauguration en 1939 de la «Ringstrasse», aujourd’hui boulevard Karl Kellner, et celle de la zone piétonne en 1972, la place d’«Eisenmarkt» était la plaque tournante de la circulation à Wetzlar. C’est en effet sur cette place que convergent les principales rues médiévales de la ville. L’autre maison (Alte Münz) a été probablement construite en 1599 par un réfugié wallon, comme l’inscription de la façade le laisse penser.

Der Blick vom Domturm zeigt, wie stark der Fischmarkt zwischen die Altstadthäuser gezwängt ist. Nach einem engen Durchlass erweitert er sich nochmals zum sogenannten Kleinen Fischmarkt. Fisch spielte bei der mittelalterlichen Ernährung eine große Rolle, weshalb der Marktplatz im ältesten Kern der Stadt liegt.

The view from the cathedral's steeple demonstrates, that Fischmarkt (fish market) was crammed between the houses of the old town. Behind a narrow passage, it is enlarged to become the so-called Kleiner Fischmarkt. Fish was of great importance as to the medieval diet, this is why the market square is situated in the oldest part of the town's centre.

Un coup d'œil jeté de la tour de la cathédrale montre à quel point la place du Marché aux Poissons était à l'étroit entre les maisons de la vieille ville. Un petit passage mène à son prolongement, la place du Petit Marché aux Poissons. Le poisson jouait un grand rôle dans l'alimentation du Moyen Âge, c'est pourquoi le marché est situé dans la partie la plus ancienne de la ville.

Die Gebäude der Westfront des Fischmarktes wurden im 16. und 17. als Fachwerkhäuser errichtet, darunter die spätere Station der Hessen-Kasseler bzw. der kaiserlich Thurn- und Taxis'schen Post. Der Platz wird vom Eckhaus zur Schwarzadlergasse dominiert, das seit 1350 als Rathaus diente und im Jahre 1606 grundlegend umgebaut wurde. Es hatte nun zwar ein hohes, massives Untergeschoss, aber das verputzte Obergeschoss bestand nur aus Fachwerk. Seit 1690 tagte hier das Reichskammergericht und nutzte den ehemaligen Ratssaal als Audienzsaal. An der Seite zum Fischmarkt schmückt der doppelköpfige bekrönte Reichsadler mit Schwert und Reichsapfel die Fassade. Nach der Auflösung des Gerichts wurde das baufällige Gebäude saniert und um ein Geschoss aufgestockt.

The buildings on the westfront of Fischmarkt were erected as half-timbered houses during the 16th and 17th centuries. Later on, one of them housed the "Hessen-Kasseler" respectively "Kaiserlich Thurn- und Taxis'sche Post" (post office). The square is dominated by the end house at the corner of Schwarzadlergasse (black eagle alley), which served as the town hall from 1350 and was fundamentally reconstructed in 1606. The Imperial Supreme Court met there since 1690 and used the former council hall as an audience chamber. The facade is decorated with the double-headed, crowned Imperial Eagle with sword and imperial orb.

Les bâtiments à l'ouest de la place du Marché aux Poissons sont des maisons à colombages construites au 16ème et au 17ème siècle. L'une d'entre elle a abrité le relais de poste des Tours et Tassis puis celui de la Hesse-Kassel. La place est dominée par la maison d'angle de la ruelle de l'Aigle Noir (Schwarzadlergasse). Cette maison qui servait de mairie depuis 1350 a subi de profondes transformations en 1606. À partir de 1690, la cour d'appel y a siégé et a installé sa salle d'audience dans l'ancienne salle du conseil. La façade donnant sur la place du Marché aux Poissons est ornée de l'aigle couronné à deux têtes avec épée et globe impérial.

Der Brodschirm gehört zu den ältesten Gassen in Wetzlar und bildet eine steile Verbindung zwischen Fischmarkt und Eisenmarkt. Der Name weist auf die im Mittelalter hier befindlichen Brodschirne, Klappläden für den Verkauf von Backwaren, hin. Das älteste erhaltene bürgerliche Fachwerkhaus stammt einer dendrochronologischen Untersuchung zufolge aus dem Jahre 1356. Es ist durch stark vorkragende Geschosse mit Hängepfosten charakterisiert. Das Gebäude wurde 1986 gemeinsam mit den benachbarten Fachwerkhäusern aus dem 17. Jahrhundert saniert. Wie hier am Brodschirm 2 weisen überall in der Stadt gegossene wappenförmige Metallschilder auf Sehenswürdigkeiten oder historisch Interessantes hin.

"Brodschirm" is one of the oldest alleways of Wetzlar and has formed a steep connection between Fischmarkt and Eisenmarkt. Its name refers to the special foldaway stalls (Schirm) for the sale of bread and cakes, which were situated at this place during the Middle Ages. With reference to a dendrochronological investigation, the oldest civil half-timbered house that could be preserved dates back to the year 1356. Just like here at Brodschirm no. 2, die-cast metal plaques in the shape of a coat of arms point out sights and historically interesting matters.

Le «Brodschirm» est une des plus anciennes ruelles de Wetzlar. Elle relie la place du Marché aux Poissons au «Eisenmarkt». Son nom rappelle les échoppes de boulangers qui s'y trouvaient au Moyen Âge. Un examen dendrochronologique a montré que la plus vieille des belles maisons à colombages de Wetzlar date de 1356. Les écussons métalliques posés sur de nombreuses maisons de Wetzlar, comme ici au 2 de «Brodschirm», servent à attirer l'attention sur des points intéressants.

Die Franziskanermönche wurden auch Barfüßer genannt, sodass die Gasse, die vom Kloster zur Lahn hin führte, diesen Namen erhielt. Nur am Beginn der Barfüßergasse ist die beidseitige Bebauung erhalten. Das Haus Nr. 4 trägt durch das Hallengeschoss mit Resten von ehemaligen Schirnen noch mittelalterliche Züge, während die anderen stattlichen Fachwerkhäuser seit dem Beginn des 17. Jahrhunderts errichtet wurden. Durch den Abbruch weiter Teile der linken Gassenseite liegen die nahezu schmucklosen aber sehr gleichmäßig gestalteten Fachwerkfassaden heute offen nach Westen.

The Franciscan monks were also called barefoot monks. This is why the alleyway leading from the monastery to the Lahn river got that name. Houses on both sides of Barfüßergasse have merely remained at its beginning. Due to the hall floor with remnants of the former foldaway stalls, house no. 4 has preserved its medieval appearance, while the other stately half-timbered houses were built since the beginning of the 17th century.

Les franciscains, que l'on appelait aussi moines aux pieds nus, ont donné son nom à cette ruelle (Barfüßergasse) qui mène du monastère à la Lahn. Les seuls bâtiments d'époque sont ceux qui se dressent à l'entrée de la ruelle. Des vestiges des anciennes échoppes confèrent une allure médiévale à la maison située au 4 de la ruelle. Les autres maisons datent, elles, du début du 17ème siècle.

Einst gab es in den Städten zahlreiche kleine Verbindungswege, die sich als enge Gässchen zwischen den Häusern hinzogen wie hier die Verbindung zwischen dem Schillerplatz und den Häusern „Hinter der Stadtmauer".

In the past, there had been a lot of minor connecting lanes and narrow alleyways between the houses, as to be seen here between Schillerplatz and the buildings "Hinter der Stadtmauer" (behind the city walls).

Les petites rues de traverse comme celle reliant la place Schiller aux maisons situées «Hinter der Stadtmauer» étaient autrefois nombreuses dans les villes.

An vielen Stellen der Altstadt sind kleine Plätze entstanden, an denen sich moderne Wohnhäuser in die historische Kulisse einfügen. Beispiele hierfür sind die Bebauung „Hinter der Stadtmauer" und an der „Hofstatt".

Little squares were created at many places of the old town, where modern residential houses fit in perfectly with the historic scenery, for example the buildings "Hinter der Stadtmauer" and at "Hofstatt".

Dans la vieille ville, les immeubles modernes se mêlent aux vieilles maisons. C'est le cas rue «Hinter der Stadtmauer» et rue «Hofstatt».

Eine wichtige Durchgangsstraße, an der sich schon immer Handelsgeschäft an Handelsgeschäft reihte, ist die Krämerstraße. Die Häuser mit den Ladengeschäften im Erdgeschoss sind überwiegend Fachwerkhäuser aus dem 16. bis 18. Jahrhundert. Manch freigelegtes Fachwerk zeigt schöne Schmuckformen und Schnitzereien wie z.B. das Haus Krämerstraße 3. Die Gebäude, die noch ihre Putzschicht tragen, sind mitunter stuckverziert, wie z.B. das Haus Krämerstraße 7, das mit einer zauberhaften Rokoko-Dekoration in Form einer rocaillenumkränzten Lilie geschmückt ist.

An important thoroughfare where always shop after shop has been located, is Krämerstraße. The buildings with shops on the ground floor are predominantly half-timbered houses dating from the 16th till 18th centuries. Some uncovered framework evidences nice ornaments and carvings, like house no. 3 in Krämerstraße. Some of those houses which are still plastered, are stuccoed as well, for example house no. 7 in Krämerstraße, which was adorned with a wonderful Rococo-style decoration showing a lily in a wreath of shells.

La rue des Marchands (Krämerstraße) est depuis toujours bordée de commerces. La plupart de ces maisons à colombages construites entre le 16ème et le 18ème siècle ont des magasins au rez-de-chaussée. Lorsque leurs façades sont débarrassées de leur enduit, on peut y admirer, comme par exemple au n°4, des ornements et des sculptures sur bois superbes. Les maisons encore recouvertes d'enduit, comme par exemple au n°7, possèdent parfois un très joli décor rococo en stuc.

Der weitläufige Kornmarkt, 1253 erstmals erwähnt, diente viele Jahrhunderte als Marktplatz für Getreide. Er ist durch eine dichte Randbebauung mit stattlichen Fachwerkhäusern, teilweise verputzt, geprägt. Die Häuser auf der Nordseite wurden um die Wende zum 18. Jahrhundert nach einem verheerenden Großbrand im Jahre 1687 neu errichtet. Am oberen Ende des Platzes steht ein großes dreigeschossiges Wohnhaus, das um 1700 erbaut, aber später mehrfach umgebaut wurde. Seit 2007 beherbergt es das jüngste Wetzlarer Museum, das Viseum.

The spacious Kornmarkt, mentioned for the first time in 1253, served as a market place for cereals during centuries. It is characterized by stately half-timbered houses, partially plastered, that are standing closely on the edges of the square. A large three-storeyed residential house is located at the upper end of the square. It was built around 1700, but it was reconstructed several times. Since 2007, the edifice has housed Wetzlar's most recent museum, the Viseum.

Sur cette grande place (Kornmarkt) mentionnée pour la première fois en 1253 s'est tenu pendant des siècles le marché aux grains. Elle est bordée d'une rangée de maisons à colombages aux façades recouvertes d'enduit. À l'extrémité de cette place se dresse un immeuble de trois étages construit en 1700 et depuis plusieurs fois transformé. Il abrite depuis 2007 le musée le plus récent de Wetzlar, le Viseum.

Das markanteste Haus auf der Südseite des Kornmarktes ist das barocke Theater, Ball- und Gasthaus „Zum Römischen Kaiser“, das 1767 erbaut wurde. Hier fanden nicht nur die Festlichkeiten der Mitglieder des Reichskammergerichts, sondern auch der Wetzlarer Bürger statt. Als Wirtshausschild dient eine vollplastische Kaiserfigur, die Franz I., den Gemahl Kaiserin Maria Theresias darstellen soll. Im Nachbarhaus wohnte von Mai bis September 1772 Johann Wolfgang von Goethe, der nach Wetzlar gekommen war, um hier am Reichskammergericht ein Praktikum zu absolvieren. Am westlichen Ende des Kornmarktes steht einer der vier mittelalterlichen Laufbrunnen, die seit 1341 die Stadt durch ein Röhrensystem mit frischem Wasser aus nahe gelegenen Quellen versorgten.

The most prominent edifice on the southside of Kornmarkt is the Baroque-style theatre, ballroom and inn “Zum Römischen Kaiser” (Roman emperor), which was built in 1767. Festivities of the members of the Imperial Supreme Court, but also of Wetzlar’s citizens were held at that place. Johann Wolfgang von Goethe, who had come to Wetzlar to take part in a practical training at the Imperial Supreme Court, lived in the neighbouring house from May till September 1772. One of four medieval wells is situated at the west-end of Kornmarkt. Since 1341, these wells supplied the town with fresh water from the springs nearby by using a pipe system.

La maison la plus marquante du sud de la place du Marché aux Grains est le théâtre «Zum Römischen Kaiser». Ce bâtiment de style baroque construit en 1767 abritait également une salle de bal et une auberge. Il accueillait non seulement les festivités des membres de la cour d’appel mais aussi celles des notables de la ville. Johann Wolfgang von Goethe a logé dans la maison voisine de mai à septembre 1772 alors qu’il était venu faire un stage à la cour d’appel de Wetzlar. À l’ouest de la place se trouve une des quatre fontaines qui, depuis 1341, alimentaient la ville en eau au moyen d’un système de canalisation les reliant à des sources proches.

Typisch für Wetzlarer Wohnhäuser sind die geschnitzten Hauszeichen, die bis 1774 die Hausnummern ersetzten. Zwei besonders schöne Beispiele gibt es am Haus „Zum Reichsapfel“ unterhalb des Kornmarktes und am Haus „Zur Goldenen Sonne“ in der Schmiedgasse.

The carved house signs, which were used as house numbers until 1774, are typical of residential buildings in Wetzlar. Two particularly fine examples are to seen at the house “Zum Reichsapfel” (imperial orb) below Kornmarkt and at the house “Zur Goldenen Sonne” (golden sun) in Schmiedgasse.

Ces marques sculptées dans le bois ont remplacé jusqu'en 1774 les numéros de maison et sont typiques de Wetzlar. On trouve l'une d'entre elle sur la façade de la maison du Globe Impérial (Zum Reichsapfel) située place du Marché aux Grains et l'autre sur celle de la maison du Soleil d'Or (Zur Goldenen Sonne) située ruelle de la Forge (Schmiedgasse).

Barocke Wohnhäuser reicher Kameralenfamilien finden sich an vielen Stellen in der Altstadt, so auch in der Engelsgasse. Das Rokokopalais Engelsgasse 3 ließ der Prokurator Licentiat Damian Ferdinand Haas erbauen. Die mit Rocaillen und Blattwerk aus Stuck umrahmte Kartusche über dem Portal trägt die Initialen LDFH und die Jahreszahl 1766. Das Innere des Hauses besitzt noch immer einen großen Teil der ursprünglichen Rokokoausstattung.

Baroque-style residential houses of wealthy members of the Imperial Supreme Court are to be found at many places of the old town, for example in Engelsgasse. The Rococo palace Engelsgasse no. 3 was built by Prokurator Licentiat Damian Ferdinand Haas. The interior of the building has still got a considerable part of the original Rococo furnishings.

Les maisons de style baroque des familles de fonctionnaires de la cour d'appel sont nombreuses dans la vieille ville. Au numéro 3 de cette ruelle (Engelsgasse) se dresse le palais rococo du procureur Damian Ferdinand Haas. L'intérieur de la maison possède encore une grande partie de son mobilier rococo d'origine.

Der Name der Engelsgasse rührt vermutlich vom Kloster Engeltal in der Wetterau her, das in dieser Gasse Ende des 14. Jahrhunderts einen Hof errichtete. Um 1500 ließen der nassauische Untervogt Eberhard Stommel und seine Frau Lisa Schutzbar das Anwesen umbauen und erweitern, um 1800 errichtete man über der Hofeinfahrt ein Fachwerkgeschoss. Von der Reformation bis 1910 diente das Gebäude als evangelisches Pfarrhaus, heute wird es privat genutzt. Typisch für viele Wetzlarer Anwesen sind die zur Straße hin abgeschlossenen Fronten, hinter denen sich oft schöne Innenhöfe und Gärten verbergen.

Supposedly, the name of Engelsgasse goes back to monastery Engeltal, located in the region of Wetterau, which established a court in that alley at the end of the 14th century. Around 1800, a half-timbered floor was built above the court's entrance. From the Reformation until 1910, the building served as a Protestant parish house, these days it is in private use. Typical of many premises in Wetzlar are the closed fronts facing the streets, behind which frequently nice inner yards and gardens are hidden.

Cette ruelle tient probablement son nom du monastère d'Engeltal, dans la Wetterau, qui y avait fait construire une propriété à la fin du 14ème siècle. L'entrée a été rehaussée d'un étage à colombages en 1800. De la Réforme à 1910, le bâtiment a abrité le presbytère protestant. C'est maintenant une propriété privée. Les façades fermées derrière lesquelles se dissimulent souvent de superbes cours et jardins sont typiques de nombreuses propriétés de Wetzlar.

Andere Reichskammergerichtsherren wohnten in der Pariser Gasse, wo sie Gartenland als Baugrundstück erwerben und großzügige Wohnhäuser errichten konnten. Treppenaufgänge und Hausecken mussten durch Prellsteine vor Beschädigungen durch Fuhrwerke und Kutschen geschützt werden.

Other lords of the Imperial Supreme Court resided in Pariser Gasse, where they could buy some garden land and build spacious residential houses. Stairways and the corners of the houses had to be protected by buffer stones against damages done by carts and coaches.

D'autres hauts fonctionnaires de la cour d'appel habitaient dans la ruelle de Paris où ils s'étaient fait construire de vastes demeures. Des chasse-roues protégeaient escaliers et angles de maisons des roues de chariots et de carrosses.

Selbst in einer Reichsstadt wie Wetzlar lebten viele Menschen von der Landwirtschaft, wie der Name Scheunengasse nahelegt. In dieser Gasse suchen wir große Wohnhäuser aus der Reichskammergerichtszeit vergeblich.

Even in an imperial town like Wetzlar, many people had to live by farming, what the street name "Scheunengasse" (barn alley) suggests. No big residential houses dating from the period of the Imperial Supreme Court are to be found in this alley.

Même dans une ville d'empire comme Wetzlar, beaucoup de gens vivaient de l'agriculture ainsi que le suggère le nom de la ruelle des Granges (Scheunengasse) dans laquelle on cherche en vain les grandes maisons bourgeoises de l'époque de la cour d'appel.

In der Gasse namens Jäcksburg lag im Mittelalter ein Wohnhaus von Beginen, also von Frauen, die sich zusammengeschlossen hatten, ohne die Gelübde von Nonnen abzulegen. Nachdem die „Graue Nonnen“ genannten Beginen ihren Hof aufgegeben hatten, wurde schließlich 1722 ein neues Fachwerkgebäude mit schönem Portal errichtet. Mitte des 18. Jahrhunderts wohnte hier der Reichspfennigmeister am Reichskammergericht.

In the Middle Ages, a residential house of beguines, i.e. women that had joined together, but without having taken the vow of nuns, was situated in an alley named Jäcksburg. After these women, called “the grey nuns”, had resigned from their premises, a new half-timbered house with a nice portal was erected in 1722.

Au Moyen Âge, la ruelle de Jäcksburg abritait un béguinage. Les «sœurs grises», comme on appelait ces religieuses qui ne prononçaient pas de vœux définitifs, ont abandonné ensuite ce bâtiment qui a été remplacé en 1722 par une maison à colombages ornée d'un beau portail.

Ein auffallend großes Gebäude inmitten der engen Altstadtgassen ist das Avemann'sche Palais zwischen Hofstatt, Kornblumengasse und Rosengasse. Es wurde um 1760 vom Kammergerichtsassessor Franz von Pape um einen Innenhof herum errichtet und an verschiedene Kameralenfamilien vermietet. Anfang des 19. Jahrhunderts war Oberstleutnant von Avemann der Besitzer des Anwesens, das später städtische Schulen, Wohnungen und Ämter beherbergte. Seit 1987 befindet sich hier das Reichskammergerichtsmuseum, das die Funktion und Bedeutung des Gerichts veranschaulichen soll.

An extremely large building in the midst of the narrow alleys of the old town is Avemann'sche Palais, situated between Hofstatt, Kornblumengasse und Rosengasse. Around 1760, it was erected with an inner yard by Kammergerichtsassessor (servant of the court of justice) Franz von Pape, and it was rented to various employees of the Imperial Supreme Court and their families. At the beginning of the 19th century, lieutenant-colonel von Avemann was the owner of the premises, which later on housed municipal schools, apartments and offices. The museum of the Imperial Supreme Court has been there since 1987. It illustrates the function and the significance of the court.

Ce bâtiment imposant qui se dresse au milieu des ruelles étroites de la vieille ville est le palais Avemann. Il est situé entre «Hofstatt», la ruelle des Bleuets (Kornblumengasse) et la ruelle des Roses. Il a été construit autour d'une cour intérieure en 1760 par un assesseur du tribunal, Franz von Papen, qui l'a loué à différentes familles de fonctionnaires de la cour d'appel. Au début du 19ème siècle, il a appartenu au lieutenant-colonel Avemann et a abrité ensuite écoles, appartements et locaux administratifs. Depuis 1987 est installé ici le musée de la Cour d'Appel Impériale qui a pour mission d'illustrer le rôle de la cour d'appel.

Im ältesten Teil der Stadt, in der Nähe des Domplatzes, fällt zwischen den Fachwerkhäusern ein steinernes Haus auf. Es ist das letzte erhaltene gotische Steinhaus Wetzlars aus dem 14. Jahrhundert, das vermutlich einem Kaufmann zur feuersicheren Aufbewahrung seiner Waren diente. Das schmale, hohe Gebäude stößt mit der einen Giebelseite an die Blaunonnengasse, mit der anderen an die Entengasse. Im Innern befinden sich noch die ursprünglichen Gewölbe und spitzbogige Türen. Es hat keinen eigenen Eingang, sondern bildet mit dem Nachbargebäude eine Einheit. Das Bruchsteinmauerwerk wurde leider vor wenigen Jahren verputzt, sodass man die ursprüngliche Form der Fenster nicht mehr erkennen kann.

An outstanding stone building between the half-timbered houses is situated in the oldest part of the town, near the cathedral square. It is Wetzlar's only Gothic stone house of the 14th century that has remained. Supposedly, it was used by a merchant to keep his goods in a fireproof situation. The gables of the slim and tall building touch Blaunonnengasse on one side and Entengasse on the other. The original vaults and doors with pointed arches are still to be seen inside.

Dans la partie la plus ancienne de la ville, près de la place de la Cathédrale et au milieu de maisons à colombages, l'attention est attirée par une maison en pierre datant du 14ème siècle. C'est la dernière des maisons gothiques en pierre de Wetzlar. Il est probable qu'un commerçant s'en servait pour y entreposer ses marchandises à l' abri des incendies. La façade principale de ce haut bâtiment étroit donne sur la ruelle des Nonnes Bleues et son autre façade sur la ruelle des Canards (Entengasse). À l'intérieur se trouvent encore les voûtes et les portes en ogives d'origine.

Der Deutsche Orden besaß seit dem 13. Jahrhundert Besitzungen im Wetzlarer Raum, die von der erstmals 1287 erwähnten Niederlassung aus verwaltet wurden. Seither wurde auf dem ausgedehnten Areal immer wieder um-, an- und neu gebaut, insbesondere von Hugo Damian von Schönborn im 18. Jahrhundert. Die große Ordensherberge diente durchreisenden Ordensrittern als Unterkunft. Heute zeigt hier das Stadtmuseum seine Schätze. In der um 1530 erbauten Zehntscheune wurden einst die Naturalabgaben gesammelt, während hier heute das Industriemuseum untergebracht ist.

Since the 13th century, the Deutsche Orden (German order) was owner of premises in the area of Wetzlar, which were administered by the branch, mentioned for the first time in 1287. There have always been reconstructions and new buildings on the large premises since then. Nowadays, the City Museum shows its treasures at this place. In the "Zehntscheune" dating from 1530, tax in the form of natural produce was stored up. These days, the museum of industry is to be found there.

L'ordre Teutonique avait depuis le 13ème siècle de nombreuses propriétés dans la région de Wetzlar. Elles étaient administrées depuis ce domaine qui a subi entre-temps de nombreuses transformations. Le musée municipal y expose maintenant ses trésors. La grange aux Dîmes, qui date de 1530 et dans laquelle étaient autrefois collectés les impôts en nature, abrite maintenant le musée de l'Industrie.

Vom Deutschordenshof hat man Zugang auch zum Viseum, dem Haus der Optik und Feinmechanik. In diesem Museum werden optische Phänomene erfahrbar gemacht.

Viseum, the house of optics and precision engineering, can be entered via Deutschordenshof. This museum demonstrates various optical phenomena.

De la maison de l'Ordre on a accès au Viseum, le musée de l'optique et de la mécanique de précision dans lequel sont présentés des phénomènes optiques.

Der neu geschaffene Optikparcours zwischen dem Viseum und dem Forum am Bahnhof bietet zahlreiche Stationen, an denen die Besucher selbst experimentieren können.

The newly designed "optical parcours" between Viseum and Forum near the station offers numerous places, where visitors themselves can carry out experiments.

Le nouveau parcours de l'optique mène du Viseum au centre commercial du Forum près de la gare et permet aux visiteurs de se livrer à quelques expériences.

Die Wetzlarer Niederlassung des Deutschen Ordens verfügte über einen eigenen Verwalter, der mit seiner Familie im Verwalterhaus lebte. Hier wurde 1753 Charlotte, die zweitälteste Tochter des Amtmannes Adam Heinrich Buff geboren. Im Sommer 1772 lernte sie den Rechtspraktikanten Goethe kennen, der nach seinem Weggang aus Wetzlar seine unerfüllbare Liebe zu Charlotte Buff und den Selbstmord des jungen Juristen Karl Wilhelm Jerusalem zum Briefroman „Die Leiden des jungen Werthers“ verwob. Das ehemalige Verwalterhaus, Lottehaus genannt, wurde zu einem Museum umgestaltet, das an Charlotte Buff und Goethe erinnert. Bei den Erlebnis-Statt-Führungen werden die Ereignisse des Sommers 1772 wieder lebendig.

The branch of Deutscher Orden in Wetzlar had an administrator of its own, who with his family lived in the administration building. Charlotte, the second oldest daughter of Amtmann Adam Heinrich Buff, was born there in 1753. In the summer of 1772, she got to know the student of law, Goethe, who, after his departure from Wetzlar, interwove his unfulfilled love with Charlotte Buff and the suicide of the young jurist Karl Wilhelm Jerusalem to his novel “The Sorrows of Young Werther”. The former administration building, called Lottehaus, was reconstructed as a museum, commemorating Charlotte Buff and Goethe. The events of the summer of 1772 have been revived with the guided tours “Erlebnis-Statt-Führungen”.

À Wetzlar, les chevaliers teutoniques avaient leur propre intendant qui vivait avec sa famille dans une maison de l’Ordre. C’est là qu’est née en 1753 la seconde fille du bailli Adam Heinrich Buff, dont Goethe a fait connaissance alors qu’il était stagiaire en droit. Après son départ de Wetzlar, il a utilisé l’histoire de son amour malheureux pour Charlotte Buff et le suicide du jeune juriste Karl Wilhelm dans son roman épistolaire «les Souffrances du jeune Werther». La maison de l’ancien intendant, appelée aujourd’hui «maison Lotte», abrite un musée dédié à Charlotte Buff et à Goethe. Des visites visant à faire revivre les événements de l’été 1772 y sont organisées.

Über die Stadtgrenzen hinaus sind die 1953 begründeten Festspiele bekannt. Das Programm der anfangs nach den Hauptsponsoren „Industrie-Festspiele" genannten Wetzlarer Festspiele reicht von Kabarett über Schauspiel bis Musical. Die Hauptspielstätte ist die Freilichtbühne im Rosengärtchen mit ihrem ganz besonderen Flair. Während der sommerlichen Festspielzeit herrscht oft buntes Treiben in der Stadt.

The Wetzlar Festival, founded in 1953, is well-known also beyond the city limits. The programme of the festival, previously called "Industrie-Festspiele" with reference to the major sponsors, includes cabaret, theatre and musicals. The main venue is the open air stage in Rosengärtchen (rose garden). During the festival season, there has often been a hustle and bustle in the city.

Créé en 1953 et d'abord baptisé «festival de l'Industrie», le festival de Wetzlar est connu au-delà des limites de la ville. Son programme va du cabaret à la comédie musicale en passant par le théâtre. La plupart des représentations sont données dans l'atmosphère toute particulière du théâtre de verdure de la Petite Roseraie. En été, à l'époque du festival, la ville est souvent pleine d'effervescence.

Wetzlar bietet auch im Winter reizvolle Motive.

Even in winter, Wetzlar has charming subjects on offer.

En hiver aussi, les jolis motifs ne manquent pas à Wetzlar.

Von der wehrhaften Stadtmauer, die im 13. Jahrhundert errichtet wurde und eine Länge von etwa 1,7 Kilometern sowie eine Höhe von bis zu 11 Metern erreichte, haben sich in der Nähe des Säuturmes noch große Teile erhalten. Der Säuturm, im Mittelalter als Schneiderturm bekannt, diente als Stall, nachdem die Schutzfunktion der Mauer verloren gegangen war. Er ist der einzige erhaltene von neun Stadtmauertürmen. Die anderen Türme und die fünf Tore waren Verkehrshindernisse und mussten im 19. und in der ersten Hälfte des 20. Jahrhunderts weichen. Außerhalb der Stadtmauer wurden Grünanlagen angelegt, während stadtseitig oft die Bebauung bis an die Mauer reicht.

Considerable parts of the well-fortified city walls, which were erected during the 13th century with a length of about 1.7 kilometres and a height of up to 11 metres, have remained near Säuturm. The Säuturm, known as Schneiderturm in the Middle Ages, was used as a stable after the city walls had lost their protective function. This tower is the last one that has remained of formerly nine.

Les remparts du 13ème siècle faisaient 1,7 km de long et jusqu'à 1 m de haut. Il en reste encore des vestiges assez importants près de la tour des Cochons (Säuturm). Connue au Moyen Âge sous le nom de tour des Tailleurs (Schneiderturm), elle a été utilisée comme étable quand les remparts n'ont plus servi à protéger la ville. Des neuf tours que comptaient les remparts à l'origine, il ne reste plus que celle-ci.

An diesem kleinen Stadtmauerabschnitt an der Butzbacher Gasse lässt sich sehen, wie die Mauer auf der Stadtseite aufgebaut war. Man mauerte Sparbögen, um Steine zu sparen und man legte einen hölzernen Wehrgang an, der nach außen durch die steinerne Mauer geschützt, aber nach innen offen war.

This short section of the city walls at Butzbacher Gasse shows, how the walls were constructed on the city's side. In order to save stones, simple arches were built, and a wooden defense walk was used, which was protected by the stone wall on the outside, but was open on the inside.

Ce pan de muraille de la ruelle de Butzbach montre comment on économisait les matériaux de construction. Le chemin de ronde était en bois et n'était protégé que d'un seul côté par la muraille en pierre des remparts.

Die Reichsburg Kalsmunt ließ Kaiser Friedrich I. (reg. 1152–1190), bekannt unter dem Namen Barbarossa, errichten. Insbesondere der Bergfried sollte als königlicher, mächtiger Bau erkennbar sein. Seine Seitenlänge beträgt fast 12 Meter, während er bis zum Wehrgang eine Höhe von 18 Metern aufweist. Keine der hier lebenden mittelalterlichen Burgmannenfamilien gewann Macht über die Stadt, so dass die Burg rasch an Bedeutung verlor und im 17. Jahrhundert bereits verfallen war. Nur Mauerreste und der Rest des einstigen Burgtores lassen die mittelalterliche Ausdehnung erahnen. Lediglich der Turm hat die Zeiten überdauert und wurde bereits 1836 für die Öffentlichkeit begehbar gemacht. Heute haben die Besucher von hier oben einen herrlichen Rundblick über Wetzlar.

The imperial castle Kalsmunt was built under the Emperor Friedrich I (ruled from 1152 till 1190), known as Barbarossa. Especially the donjon was to be recognized as a mighty, royal building. None of the medieval lords of the castle or their families gained control of the city. For the same reason, the castle soon lost its importance and it fell to ruins even in the 17th century. Exclusively the tower has survived until now and it was made accessible to the public in 1836 already. Nowadays, visitors to it are rewarded with a phantastic panoramic view over Wetzlar.

Le château-fort de Kalsmunt a été construit par l'empereur Frédéric Ier qui a régné de 1152 à 1190 et était connu sous le nom de Barberousse. Le château se devait d'être imposant, comme il convient à un bâtiment royal. Aucune des familles de seigneurs qui y ont habité n'a régné sur la ville de sorte que le château-fort a rapidement perdu de son importance et n'était plus qu'une ruine au 17ème siècle. Seule la tour a subsisté. Elle est ouverte au public depuis 1836 et ses visiteurs ont de là une vue magnifique sur Wetzlar.

Das Kalsmunttor lag nicht in der Wetzlarer Stadtmauer, sondern in der Mauer der Vorstadt Silhofen und diente der Sicherung des Weges von der Burg Kalsmunt in die Vorstadt. Von außen sind lediglich das spitzbogige Tor und zwei Schießscharten im Bruchsteinmauerwerk zu sehen.

The gate Kalsmunt was not part of Wetzlar's city walls, but it belonged to the walls of suburb Silhofen and served to safeguard the way from castle Kalsmunt to the suburb.

La porte de Kalsmunt ne se trouvait pas aux remparts de Wetzlar mais à ceux du faubourg de Silhofen et gardait le chemin allant du château-fort de Kalsmunt au faubourg.

Die Reichsstadt schützte sich vor herannahenden Feinden und anderen bösen Überraschungen mit einer Landwehr weit vor den Toren der Stadt. Auf den Höhen errichtete man zwei Wachtürme, die heute noch bestehenden Warten. Sie erfüllten ihren Zweck etwa bis in die Mitte des 16. Jahrhunderts, danach begannen sie zu verfallen. Erst im 20. Jahrhundert besann man sich der beiden Bauwerke und gestaltete sie um. Die Garbenheimer Warte baute man im Jahre 1901 zu einem Bismarckturm um. Sie ist vom Neuen Friedhof aus erreichbar.

The imperial town protected itself against approaching enemies and other bad surprises by means of a territorial army, that was positioned far from the city gates. Two watchtowers that still exist were erected on the mountain range. They fulfilled their purpose approximately until the middle of the 16th century, before they began to decay. These two buildings were remembered only in the 20th century, when they were redesigned.
Garbenheimer Warte (watchtower) was reconstructed in 1901 to become a "Bismarck tower". It can be reached from Neuer Friedhof (new cemetery).

Des tours de guet édifiées sur des hauteurs à distance des portes de la ville protégeaient celle-ci contre ennemis et autres mauvaises surprises. Ces tours ont servi jusqu'au milieu du 16ème siècle environ puis ont commencé à tomber en ruines. C'est seulement au début du 20ème siècle qu'on s'y est de nouveau intéressé et qu'elles ont été refaites. En 1901, la tour de guet de Garbenheim a été transformée en une tour Bismarck et est accessible depuis le nouveau cimetière.

Aus der Brühlsbacher Warte machte man im Jahre 1912 einen Aussichtsturm, der wegen seiner schlanken runden Gestalt und seines spitzen Schieferdaches im Volksmund als „Bleistift" bezeichnet wird. Er befindet sich in der Nähe der Wetzlarer Jugendherberge.

The watchtower Brühlsbacher Warte was converted into an outlook tower in 1912. Because of its slim, round shape and its pointed slate roof, it is commonly called "pencil". The tower is located near Wetzlar's youth hostel.

La tour de guet de Brühlsbach a été transformée en tour panoramique en 1912. Elle est surmontée d'un toit d'ardoise qui lui vaut son surnom de «crayon» et est située à proximité de l'auberge de jeunesse.

Zu Beginn des 20. Jahrhunderts ließ die Stadt auf einem weitläufigen Gelände, Spilburg genannt, große Kasernenbauten errichten. Sie umfassten mehrere Mannschaftsgebäude mit der dazugehörenden Speiseanstalt, einen Exerzierplatz, Unteroffizierswohnungen, eine Kommandeurswohnung und das Offizierskasino sowie eine säulengeschmückte Wache am Tor. Im Jahre 1914 zog die Unteroffiziersschule Biebrich in die Spilburg ein. Nach wechselnden Funktionen als Wetzlarer Schulstadt, Kaserne und Lager für Displaced Persons nach 1945, kamen amerikanische und französische Besatzungstruppen in die Spilburg. Ihnen folgte 1957 die Bundeswehr, die aber ihre Unterkunft 1990 endgültig verließ. Seither erfolgt die Konversion des Militärgeländes für vielfältige zivile Nutzung.

At the beginning of the 20th century, the city let build large barracks on a spacious area called Spilburg. Included were several quarters with a canteen, a parade ground, flats for non-commissioned officers and the commander, an officers' mess and a guardhouse at the gate, decorated with pillars.

Au début du 20ème siècle, la ville a fait construire des casernes sur le terrain de «Spilburg». Le complexe compte plusieurs casernes avec leur mess, un terrain d'exercice, des logements pour les sous-officiers, le logement du commandant et le mess des officiers ainsi qu'un poste de garde à colonnades à l'entrée.

Seit dem 19. Jahrhundert entwickelte sich Wetzlar zur Industriestadt, deren Produkte weltweiten Ruf genießen. Die Firmengebäude lagen oft in unmittelbarer Nähe zur Altstadt. Der Blick vom Domturm zeigt die ausgedehnten Gebäude der einstigen Firma Leitz zu Füßen des Kalsmunts. Das in den 1950er-Jahren erbaute Entwicklungs- und Verwaltungsgebäude dieses Großbetriebes wurde verkauft und dient seit 1996 als Neues Rathaus der Stadt Wetzlar.

Since the 19th century, Wetzlar has developed into an industrial town, whose products are world-renowned. In many cases, the factory plants were situated close to the old part of the town. The view from the cathedral's steeple shows the extensive buildings of the former Leitz company at the foot of Kalsmunt. Built in the 1950s, the old research and administration building of that large business was sold and has been used as the new town hall of the city of Wetzlar since 1996.

À partir du 19ème siècle Wetzlar a commencé à se transformer en une ville industrielle dont les produits sont renommés dans le monde entier. Les entreprises étaient souvent bâties à proximité de la vieille ville. De la tour de la cathédrale on voit les vastes bâtiments de l'ancienne firme Leitz au pied du Kalsmunt. Le bâtiment, dans lequel se trouvaient le centre de recherche et les bureaux de cette grande entreprise, date des années 1950. Il a été ensuite vendu et abrite depuis 1996 la nouvelle mairie de Wetzlar.

Ein weiterer optischer Großbetrieb ist die Firma Hensoldt, heute Zeiss, in der Gloëlstraße zwischen Altstadt und Bahnhof.

Another large optical enterprise is Hensoldt company, nowadays Zeiss, located in Gloëlstraße between the old town and station.

Une autre grande entreprise d'optique est la firme Hensoldt, aujourd'hui Zeiss, qui est située rue Gloël entre la vieille ville et la gare.

Die nach Karl Kellner (1826–1855), dem Begründer der optischen Industrie in Wetzlar, benannte Ringstraße verbindet die Altstadt mit dem Bahnhofsviertel. Moderne Neubauten prägen hier das Bild.

The ring road named after Karl Kellner (1826–1855), the founder of Wetzlar's optical industry, connects the old part of town with the station district. Modern new buildings characterize the scenery in this area.

Le boulevard reliant la vieille ville au quartier de la gare porte le nom de Karl Kellner (1826–1855), le fondateur de l'industrie optique à Wetzlar.

In zentraler Lage, zwischen Lahn und Karl-Kellner-Ring, liegt sehr gut erreichbar für Kinder, Fußgänger und mit dem Bus ankommende Badegäste das Wetzlarer Freibad. Im Mai 1954 konnte es eröffnet werden, seit 1957 trägt es den in einem Preisausschreiben ermittelten Namen „Freibad Domblick".

Wetzlar's public swimming pool is to be found centrally located, between river Lahn and Karl-Kellner-Ring. It can be reached easily by children, pedestrians and guests arriving by bus. The swimming pool was opened in May 1954, and since 1957 it has borne the name "Freibad Domblick", which was found out in a contest.

La piscine à ciel d'ouvert du centre-ville est située entre la Lahn et le boulevard Karl Kellner et est aussi facile d'accès à pied qu'en autobus. Elle a été inaugurée en 1954 et porte depuis un concours organisé en 1957 le nom de «Freibad Domblick».

In der Nähe des Bahnhofes, verkehrsgünstig an der B 49 gelegen, wurde im März 2005 die multifunktionale Arena in Betrieb genommen. Sie wurde in „Rittal-Arena“ umbenannt und bildet den Rahmen für vielfältige Sport- und Kulturveranstaltungen. Die Halle bietet bis zu 6000 Besuchern Platz.

The multi-functional arena, conveniently situated near the station at federal road B 49, was inaugurated in March 2005. It was renamed Rittal-Arena and serves as a venue for various sporting and cultural events. The hall holds 6000 people.

Situé près de la gare et en bordure de la nationale B49, le stade de Wetzlar a été inauguré en mars 2005 et porte maintenant le nom de «Rittal-Arena». Il est le cadre de manifestations sportives et culturelles de tout genre et peut accueillir jusqu'à 6000 spectateurs.

Wer Wetzlar aus der Ferne betrachtet, stellt fest, dass die Stadt in Felder, Wälder und Wiesen eingebettet liegt. Am Horizont erhebt sich der 401 Meter hohe Stoppelberg, ein beliebtes Wald- und Erholungsgebiet vor den Toren der Stadt. In der Nähe ragt das Hochhaus der 1974 eingeweihten „Hessenklinik“, seit 2002 umgewandelt in die Lahn-Dill-Kliniken GmbH, Standort Wetzlar, hervor. Weitere herausragende Punkte sind der Dom inmitten der Altstadt und der Kalsmunt auf dem bewaldeten Hügel am Rande der Bebauung. Im Vordergrund das neue Stadtviertel Dalheim.

When watched from a distance, you will notice that Wetzlar is embedded in fields, woods and meadows. The 401-metre-high Stoppelberg, a popular woodland and recreation area outside the city gates, arises on the horizon. The multi-storey building of the "Hessenklinik", inaugurated in 1974 and converted into Lahn-Dill-Kliniken GmbH, site Wetzlar in 2002, juts out nearby. Further outstanding buildings are the cathedral in the midst of the old town and Kalsmunt on the wooded hill on the edge of the town.

Quand on observe Wetzlar de loin, on peut constater que la ville est entourée de champs, de forêts et de prairies. À l'horizon se dresse le Stoppelberg, un mont boisé haut 401 m où il fait bon se reposer aux portes de la ville. Plus près de là se dresse la tour de la «Hessenklinik», inaugurée en 1974 et transformée en S.A.R.L. en 2002. D'autres points culminants sont la cathédrale au cœur de la vieille ville et le Kalmunt sur les hauteurs boisées en bordure de la ville. Au premier plan se trouve le nouveau quartier de Dalheim.

Die Luftaufnahme zeigt die schiefergedeckten Häuser in der verwinkelten Altstadt, umgeben von Grünanlagen. Die Alte Lahnbrücke und die Brücke des Karl-Kellner-Ringes, 1939 fertig gestellt, stellen die Verbindung in die westlichen Stadtteile her. Das Stadion auf der Lahninsel wurde 1948 seiner Bestimmung übergeben, aber seither mehrfach umgebaut. Wetzlar bietet sowohl den Kultur- als auch den Sportbegeisterten, den Einheimischen und den Gästen immer wieder interessante Möglichkeiten für Wohnen, Arbeiten und Freizeit.

The aerial photo shows the slate roofs of the houses in the narrow alleys of the old town, surrounded by parks. With regard to living, working and leisure, Wetzlar has always offered plenty of interesting possibilities to enthusiasts of culture and sports, to natives and visitors.

Cette vue aérienne montre les toits en ardoise des maisons de la vieille ville entourée d'îlots de verdure. Que ce soit en matière de logement, de travail ou de loisirs, Wetzlar est une ville qui offre des possibilités intéressantes aux amateurs de culture tout comme aux amateurs de sport, à ses habitants tout comme à ses hôtes de passage.